MON PRE CW01651820 AIS

AVANT-PROPOS

Voici ton premier vocabulaire anglais-français. Feuillette-le à ton rythme et tu apprendras un grand nombre de mots anglais.
Ceux-ci sont classés par thème.
Comment traduis-tu le plumier, le stylo-bille, la gomme? A toi de jouer !

Signification des symboles:

sing. indique le mot anglais au singulier accompagné de sa traduction.

plur. indique le mot anglais au pluriel accompagné de sa traduction.

phrase le mot anglais est utilisé dans une courte phrase accompagnée de sa traduction.

extra indique une série de mots qui ont un rapport avec le mot principal.

Bonne chance !

TABLE DES MATIERES

sing.

the mother

la mère

plur.

the mothers

les mères

phrase

My **mother** is very nice.

Ma mère est très gentille.

extra

the family	*la famille*
the woman	*la femme*
the grandmother	*la grand-mère*
the wife	*l'épouse*

sing. **the father**
le père

plur. the fathers
les pères

phrase My **father** is a teacher.
Mon père est professeur.

extra

parents	*les parents*
the man	*l'homme*
the grandfather	*le grand-père*
the husband	*l'époux*

sing.

the sister
la sœur

plur.

the sisters
les sœurs

phrase

My **sister** likes laughing.
My sœur aime rire.

extra

the daughter	*la fille*
the baby	*le bébé*
big	*grand*
small / little	*petit*

sing.

the brother

le frère

plur.

the brothers

les frères

phrase

My **brother** is ill.

Mon frère est malade.

extra

the son	*le fils*
the toddler	*le petit enfant*
the child	*l'enfant*
the adult	*l'adulte*

sing.

the cousin
le cousin

plur.

the cousins
les cousins

phrase

I visit my **cousin**.
Je rends visite à mon cousin.

extra

the uncle	*l'oncle*
the aunt	*la tante*
the friend	*l'ami*
to visit	*rendre visite à, visiter*

sing.

the niece
la nièce

plur.

the nieces
les nièces

phrase

I like playing with my **niece**.
J'aime jouer avec ma nièce.

extra

to play	*jouer*
to laugh	*rire*
to cry	*pleurer*
to shout	*crier*

sing.

the vacuum-cleaner
l'aspirateur

plur.

the vacuum-cleaners
les aspirateurs

phrase

The **vacuum-cleaner** makes noise.
L'aspirateur fait du bruit.

extra

the housework	*le ménage*
the carpet	*le tapis*
the dust	*la poussière*
to clean	*nettoyer*

sing.

the bucket

le seau

plur.

the buckets

les seaux

phrase

The **bucket** is red.

Le seau est rouge.

extra

full	*plein*
empty	*vide*
the water	*l'eau*
to fill	*remplir*

sing. **the sponge**
l'éponge

plur. the sponges
les éponges

phrase I can't find my **sponge.**
Je ne trouve pas mon éponge.

extra

dirty	*sale*
clean/neat	*propre*
the window	*la fenêtre*
to wash	*laver*

sing.

the ladder
l'échelle

plur.

the ladders
les échelles

phrase

Tom is climbing up the **ladder**.
Tom grimpe à l'échelle.

extra

the step	*la marche*
above	*au-dessus*
beneath	*en dessous*
to climb	*grimper*

sing. **the broom**
le balai

plur. the brooms
les balais

phrase I am looking for the **broom**.
Je cherche le balai.

extra

the dustpan	*la pelle à poussière*
the floor	*le sol*
to sweep	*balayer*
to scrub	*récurer*

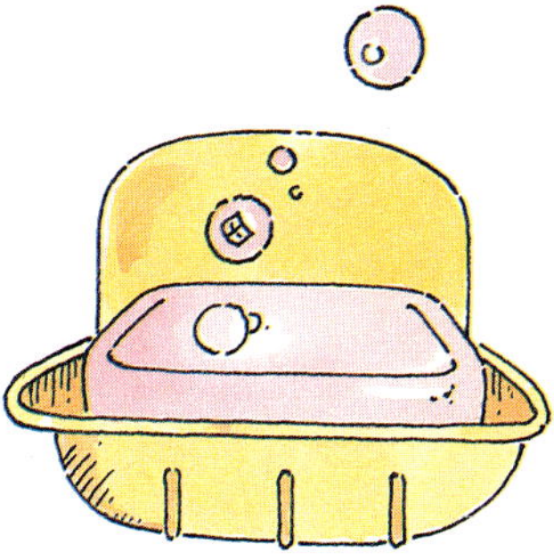

sing.

the soap
le savon

plur.

the cakes of soap
les savons

phrase

I wash myself with **soap**.
Je me lave avec du savon.

extra

the soap dish	*le porte-savon*
the washbasin	*le lavabo*
the mirror	*le miroir*
to wash oneself	*se laver*

sing.

the saucepan
la marmite

plur.

the saucepans
les marmites

phrase

The **saucepan** is on the stove.
La marmite est sur la cuisinière.

extra

to cook	*cuisiner*
the kitchen	*la cuisine*
the stove	*la cuisinière*
to stir	*remuer*

sing.

the frying pan
la poêle

plur.

the frying pans
les poêles

phrase

The meat is in the **frying pan**.
La viande est dans la poêle.

extra

the cook	*le cuisinier*
the butter	*le beurre*
the pancake	*la crêpe*
to fry	*frire*

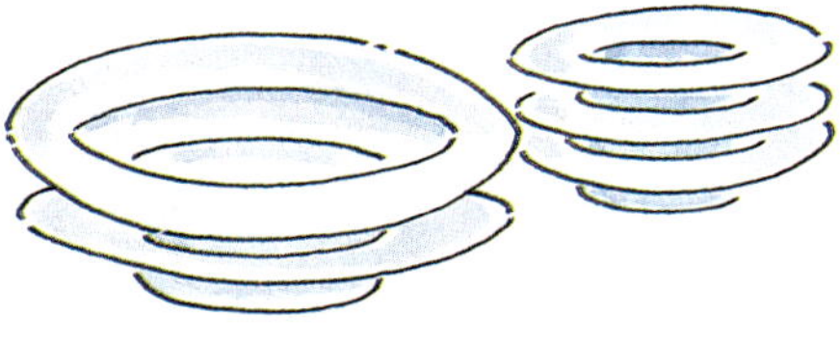

sing.

the plate
l'assiette

plur.

the plates
les assiettes

phrase

My **plate** is empty.
Mon assiette est vide.

extra

the saucer	*la soucoupe*
the cup	*la tasse*
the glass	*le verre*
to drink	*boire*

sing.

the cutlery
le couvert

plur.

the cutlery
les couverts

phrase

The **cutlery** is in this drawer.
Le couvert est dans ce tiroir.

extra

the fork	*la fourchette*
the knife	*le couteau*
the spoon	*la cuiller*
the table	*la table*

sing.

the teacher
l'institutrice/l'instituteur

plur.

the teachers
les institutrices(teurs)

phrase

The **teacher** writes on the blackboard.
L'institutrice écrit au tableau.

extra

the school	*l'école*
the blackboard	*le tableau*
the chalk	*la craie*
to write	*écrire*

sing.

the girl
la fille

plur.

the girls
les filles

phrase

The **girl** is going to school.
La fille va à l'école.

extra

the classroom	*la classe*
the lesson	*la leçon*
the pupil	*l'élève*
to study	*étudier*

sing.

the boy

le garçon

plur.

the boys

les garçons

phrase

The **boy** has some homework.

Le garçon a un devoir.

extra

the homework	*le devoir*
French	*le français*
English	*l'anglais*
mathematics	*le calcul*

sing.

the friend
l'ami

plur.

the friends
les amis

phrase

I play with my **friend**.
Je joue avec mon ami.

extra

the (girl)friend	*l'amie*
the friendship	*l'amitié*
friendly	*gentil, amical*
the quarrel	*la querelle*

sing.

the exercise book
le cahier

plur.

the exercise books
les cahiers

phrase

I write in my **exercise book.**
J'écris dans mon cahier.

extra

the word	*le mot*
the sentence	*la phrase*
the mistake	*l'erreur*
the exercise	*l'exercice*

sing.

the pencil case
le plumier

plur.

the pencil cases
les plumiers

phrase

I have a new **pencil case**.
J'ai un nouveau plumier.

extra

the pencil	*le crayon*
the rubber	*la gomme*
the pencil sharpener	*le taille-crayon*
the schoolbag	*le cartable*

sing.

the book

le livre

plur.

the books

les livres

phrase

We are reading a **book**.

Nous lisons un livre.

extra

the title	*le titre*
the page	*la page*
the dictionary	*le dictionnaire*
to read	*lire*

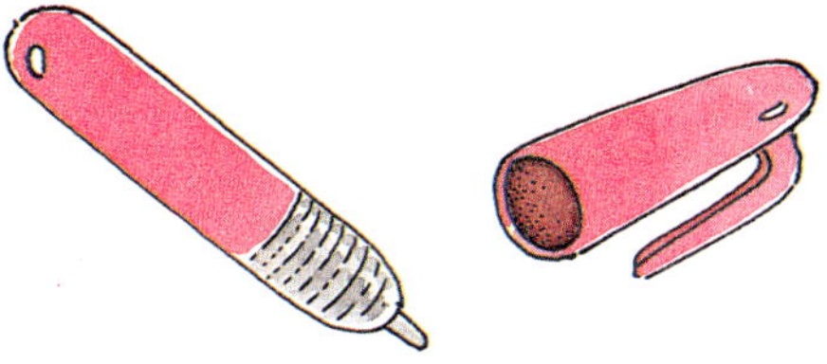

sing.

the ballpoint pen
le stylo à bille

plur.

the ballpoint pens
les stylos à bille

phrase

The **ballpoint pen** will not write.
Le stylo à bille n'écrit plus.

extra

the ink	*l'encre*
the stain	*la tache*
the drawing	*le dessin*
the letter	*la lettre*

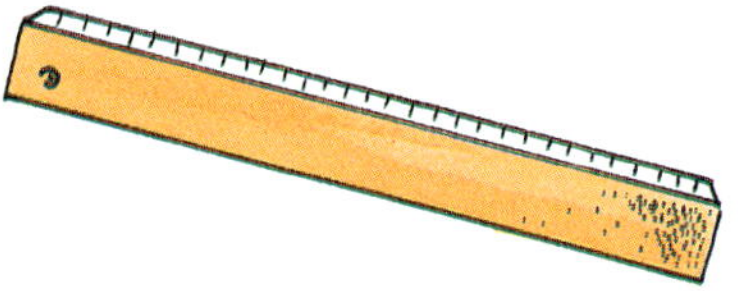

sing.

the ruler

la règle

plur.

the rulers

les règles

phrase

He draws a line with a **ruler**.

Il trace une ligne avec une règle.

extra

the line	*la ligne*
the figure	*le chiffre*
to draw	*dessiner, tracer*
to measure	*mesurer*

sing.

the song
la chanson

plur.

the songs
les chansons

phrase

We are singing a **song**.
Nous chantons une chanson.

extra

the music	*la musique*
the note	*la note*
to sing	*chanter*
to whistle	*siffler*

sing.

the melon

le melon

plur.

the melons

les melons

phrase

I count one **melon**.

Je compte un melon.

extra

one	*un*
green	*vert*
the pip	*le pépin*
the stalk	*la queue*

sing.

the kiwi

le kiwi

plur.

the kiwis

les kiwis

phrase

I eat two **kiwis**.

Je mange deux kiwis.

extra

two	*deux*
the juice	*le jus*
sweet	*doux*
sour	*aigre*

sing.

the apple

la pomme

plur.

the apples

les pommes

phrase

I buy three **apples**.

J'achète trois pommes.

extra

three	*trois*
the apple tree	*le pommier*
the apple juice	*le jus de pomme*
to buy	*acheter*

sing.

the potato

la pomme de terre

plur.

the potatoes

les pommes de terre

phrase

I peel four **potatoes**.

J'épluche quatre pommes de terre.

extra

four	*quatre*
the peel	*la pelure*
the mashed potatoes	*la purée*
to peel	*éplucher*

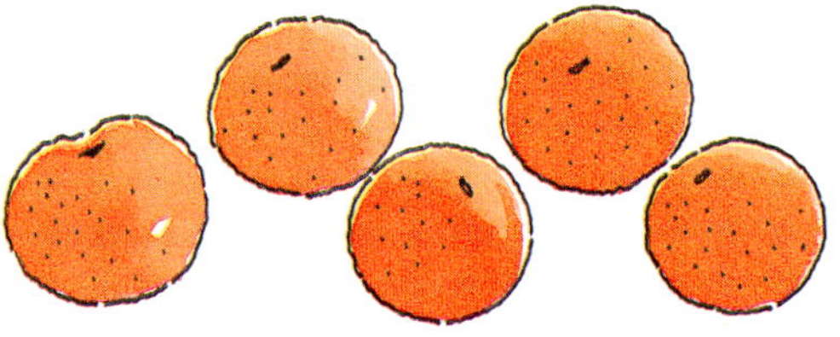

sing. **the orange**
l'orange

plur. the oranges
les oranges

phrase I see five **oranges**.
Je vois cinq oranges.

extra

five	*cinq*
orange	*orange*
the orange juice	*le jus d'oranges*
the mandarin	*la mandarine*

sing.

the strawberry
la fraise

plur.

the strawberries
les fraises

phrase

Tom eats six **strawberries.**
Tom mange six fraises.

extra

six	*six*
the jam	*la confiture*
the sugar	*le sucre*
to eat	*manger*

sing.

the radish

le radis

plur.

the radishes

les radis

phrase

These seven **radishes** are red.

Ces sept radis sont rouges.

extra

seven	*sept*
red	*rouge*
white	*blanc*
the vegetable	*le légume*

sing.

the raspberry
la framboise

plur.

the raspberries
les framboises

phrase

Marc eats eight **raspberries.**
Marc mange huit framboises.

extra

eight	*huit*
pink	*rose*
the raspberry bush	*le framboisier*
the ice-cream	*la glace*

sing.

the Brussels sprout
le chou de Bruxelles

plur.

the Brussels sprouts
les choux de Bruxelles

phrase

I see nine **Brussels sprouts**.
Je vois neuf choux de Bruxelles.

extra

nine	*neuf*
the garden	*le jardin*
the market	*le marché*
to sell	*vendre*

sing.

the fruit

le fruit

plur.

the fruits

les fruits

phrase

I count ten **fruits**.

Je compte dix fruits.

extra

ten	*dix*
the pineapple	*l'ananas*
the grape	*le raisin*
the pear	*la poire*

sing.

the cat
le chat

plur.

the cats
les chats

phrase

This **cat** is purring.
Ce chat ronronne.

extra

the farm	*la ferme*
the kitten	*le chaton*
the basket	*le panier*
to mew	*miauler*

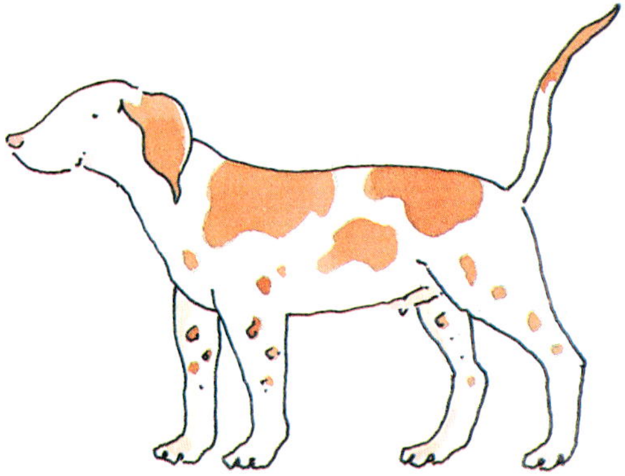

sing.

the dog
le chien

plur.

the dogs
les chiens

phrase

The **dog** has brown spots.
Le chien a des taches brunes.

extra

the lead	*la laisse*
the puppy	*le chiot*
the kennel	*la niche*
to bark	*aboyer*

sing.

the cow
la vache

plur.

the cows
les vaches

phrase

The peasant milks the **cow**.
Le paysan trait la vache.

extra

the milk	*le lait*
the calf	*le veau*
the cowshed	*l'étable*
to moo	*meugler*

sing.

the horse

le cheval

plur.

the horses

les chevaux

phrase

The **horse** eats oats.

Le cheval mange de l'avoine.

extra

the meat	*la viande*
the foal	*le poulain*
the meadow	*la prairie*
to neigh	*hennir*

sing.

the goose
l'oie

plur.

the geese
les oies

phrase

The **geese** are honking.
Les oies cacardent.

extra

the duck	*le canard*
the turkey	*le dindon*
the peacock	*le paon*
to honk	*cacarder*

sing.

the cock

le coq

plur.

the cocks

les coqs

phrase

The **cock** crows loudly.

Le coq chante fort.

extra

the hen	*la poule*
the chick	*le poussin*
the henhouse	*le poulailler*
to crow	*chanter (coq)*

sing.

the pig
le cochon

plur.

the pigs
les cochons

phrase

The **pig** grunts loudly.
Le cochon grogne fort.

extra

the fat/bacon	*le lard*
the pork	*la viande de porc*
the pigsty	*la porcherie*
to grunt	*grogner*

sing.

the rabbit

le lapin

plur.

the rabbits

les lapins

phrase

The **rabbit** eats grass.

Le lapin mange de l'herbe.

extra

the grass	*l'herbe*
the sheep	*le mouton*
the goat	*la chèvre*
the donkey	*l'âne*

sing.

the nesting-box
le nichoir

plur.

the nesting-boxes
les nichoirs

phrase

The bird lives in the **nesting-box.**
L'oiseau habite dans le nichoir.

extra

the wood	*le bois*
the nest	*le nid*
the egg	*l'œuf*
the straw	*la paille*

sing.

the bird
l'oiseau

plur.

the birds
les oiseaux

phrase

The **bird** sings a beautiful song.
L'oiseau chante un beau chant.

extra

the wing	*l'aile*
the beak	*le bec*
the feather	*la plume*
to fly	*voler*

sing.

the pine cone

la pomme de pin

plur.

the pine cones

les pommes de pin

phrase

I find a **pine cone**.

Je trouve une pomme de pin.

extra

the pine	*le pin*
the fir tree	*le sapin*
the conifer	*le conifère*
Christmas	*Noël*

sing.

the frog
la grenouille

plur.

the frogs
les grenouilles

phrase

The **frog** jumps high.
La grenouille saute haut.

extra

the tadpole	*le têtard*
the pond	*l'étang*
the brook	*le ruisseau*
to jump	*sauter*

sing.

the leaf
la feuille

plur.

the leaves
les feuilles

phrase

The **leaves** are green.
Les feuilles sont vertes.

extra

the tree	*l'arbre*
the branch	*la branche*
the trunk	*le tronc*
the flower	*la fleur*

sing.

the hare
le lièvre

plur.

the hares
les lièvres

phrase

The **hare** runs through the wood.
Le lièvre court dans le bois.

extra

the fur	*le pelage*
fast	*rapide*
slow	*lent*
to run	*courir*

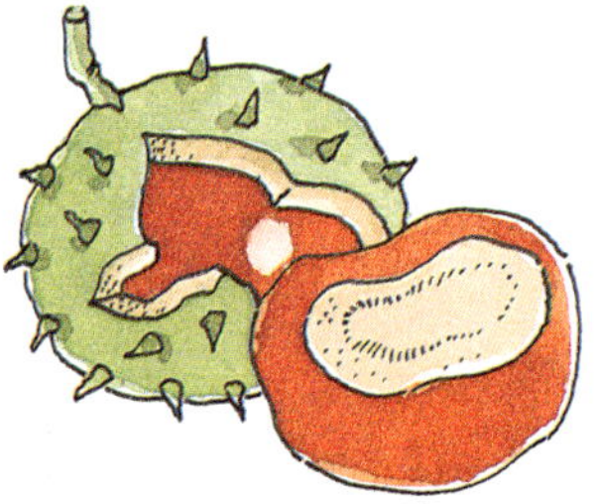

sing.
the chesnut
la châtaigne

plur.
the chestnuts
les châtaignes

phrase
I don't like eating **chestnuts.**
Je ne mange pas de châtaignes.

extra

the horse chestnut	*le marron*
the husk	*la bogue*
the chestnut tree	*le châtaignier*
the autumn	*l'automne*

sing.

the acorn
le gland

plur.

the acorns
les glands

phrase

The squirrel likes **acorns**.
L'écureuil aime les glands.

extra

the squirrel	*l'écureuil*
the oak	*le chêne*
the oak wood	*la chênaie*
the oak leaf	*la feuille de chêne*

sing.

the walk
la promenade

plur.

the walks
les promenades

phrase

Oliver goes for a **walk.**
Olivier fait une promenade.

extra

the walker	*le promeneur*
the walking stick	*la canne*
the track	*le sentier*
to walk	*se promener*

sing.

the mushroom

le champignon

plur.

the mushrooms

les champignons

phrase

I see three **mushrooms**.

Je vois trois champignons.

extra

toadstool	*champignon vénéneux*
mushroom	*champignon comestible*
the cap	*le chapeau*
the mushroom bed	*la champignonnière*

sing.

the monkey
le singe

plur.

the monkeys
les singes

phrase

The **monkey** amuses the children.
Le singe amuse les enfants.

extra

the animal	*l'animal*
the banana	*la banane*
the zoo	*le jardin zoologique*
to amuse	*amuser*

sing.

the elephant
l'éléphant

plur.

the elephants
les éléphants

phrase

The **elephant** has a long trunk.
L'éléphant a une longue trompe.

extra

the trunk	*la trompe*
the tusk	*la défense*
the ivory	*l'ivoire*
the hunt	*la chasse*

sing.

the lion

le lion

plur.

the lions

les lions

phrase

The **lion** roars loudly.

Le lion rugit fort.

extra

the lioness	*la lionne*
the lion cub	*le lionceau*
the bush	*la brousse*
to roar	*rugir*

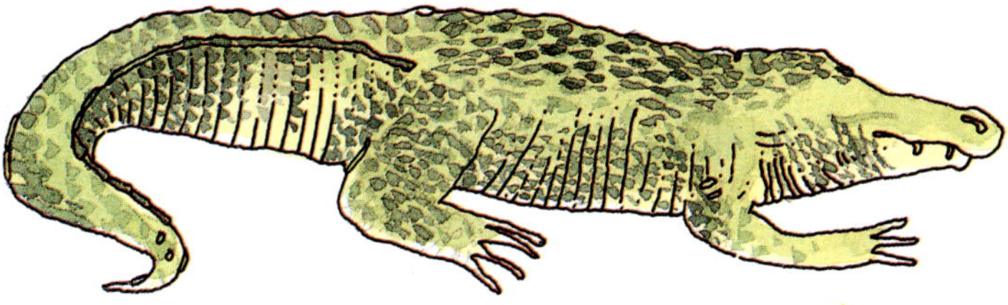

sing.

the crocodile
le crocodile

plur.

the crocodiles
les crocodiles

phrase

The **crocodile** is dangerous.
Le crocodile est dangereux.

extra

the alligator	*l'alligator*
the jaws	*les mâchoires*
the river	*la rivière*
dangerous	*dangereux*

sing.

the bear

l'ours

plur.

the bears

les ours

phrase

The **bear** adores honey.

L'ours adore le miel.

extra

the honey	*le miel*
the bear cub	*l'ourson*
the paw	*la griffe*
heavy	*lourd*

sing.

the kangaroo
le kangourou

plur.

the kangaroos
les kangourous

phrase

The **kangaroo** jumps a long way.
Le kangourou saute loin.

extra

the jump	*le saut*
the pouch	*la poche ventrale*
the desert	*le désert*
to leap	*bondir*

sing.

the sea
la mer

plur.

the seas
les mers

phrase

We are going to the **sea**side.
Nous partons à la mer.

extra

the sailing boat	*le voilier*
the dike	*la digue*
the fish	*le poisson*
the starfish	*l'étoile de mer*

sing.

the beach

la plage

plur.

the beaches

les plages

phrase

It is hot on the **beach**.

Il fait chaud sur la plage.

extra

the sunshade	*le parasol*
the bath towell	*la serviette de bain*
warm/hot	*chaud*
cold	*froid*

sing.

the sandcastle

le château de sable

plur.

the sandcastles

les châteaux de sable

phrase

I build a **sandcastle**.

Je construis un château de sable.

extra

the sand	*le sable*
the spade	*la pelle*
the flag	*le drapeau*
to build	*construire*

sing.

the ball
le ballon

plur.

the balls
les ballons

phrase

Peter is playing with the **ball**.
Pierre joue avec le ballon.

extra

the ball game	*le jeu de ballon*
the football	*le football*
the goal	*le but*
to play football	*jouer au football*

sing.

the swimming pool

la piscine

plur.

the swimming pools
les piscines

phrase

I play in the **swimming pool**.
Je joue dans la piscine.

extra

the swimsuit	*le maillot de bain*
the shower	*la douche*
wet	*mouillé*
to bathe	*se baigner*

sing.

the racket
la raquette

plur.

the rackets
les raquettes

phrase

I play tennis with a **racket**.
Je joue au tennis avec une raquette.

extra

the player	*le joueur*
the net	*le filet*
badminton	*le badminton*
tennis	*le tennis*

sing.

the skipping rope

la corde à sauter

plur.

the skipping ropes

les cordes à sauter

phrase

Sophie likes skipping with a **rope**.

Sophie aime sauter à la corde.

extra

gymnastics	*la gymnastique*
the gymnast	*le gymnaste*
the somersault	*la culbute*
to turn	*tourner*

sing.

the puzzle
le puzzle

plur.

the puzzles
les puzzles

phrase

She does a difficult **puzzle**.
Elle fait un puzzle difficile.

extra

difficult	*difficile*
easy	*facile*
the game	*le jeu*
to do a puzzle	*faire un puzzle*

sing.

the swimmer
le nageur/la nageuse

plur.

the swimmers
les nageurs/les nageuses

phrase

She is a good **swimmer**.
Elle est une bonne nageuse.

extra

swimming	*la natation*
to plunge	*plonger*
the springboard	*le tremplin*
to swim	*nager*

sing.

the runner
le coureur

plur.

the runners
les coureurs

phrase

My uncle is a good **runner.**
Mon oncle est un bon coureur.

extra

the sport	*le sport*
the competition	*la compétition*
athletic	*sportif*
to run	*courir*

sing.

the wind
le vent

plur.

the winds
les vents

phrase

I hear the **wind** blowing.
J'entends le souffle du vent.

extra

still/windless	*calme*
the windbreak	*le pare-vent*
the weather vane	*la girouette*
to blow	*souffler*

sing.

the thunderstorm
l'orage

plur.

the thunderstorms
les orages

phrase

A **thunderstorm** has burst.
Un orage a éclaté.

extra

violent	*violent*
the thunder	*le tonnerre*
the lightning	*la foudre*
to burst	*éclater*

sing.

the umbrella
le parapluie

plur.

the umbrellas
les parapluies

phrase

I shelter under the **umbrella**.
Je m'abrite sous le parapluie.

extra

the rain	*la pluie*
the raincoat	*l'imperméable*
the boot	*la botte*
to rain	*pleuvoir*

sing.

the sun
le soleil

plur.

the suns
les soleils

phrase

The **sun** shines in summer.
Le soleil brille en été.

extra

the summer	*l'été*
the spring	*le printemps*
the sun hat	*le chapeau de soleil*
the sunglasses	*les lunettes de soleil*

sing.

the snowball

la boule de neige

plur.

the snowballs

les boules de neige

phrase

I make two **snowballs**.

Je fais deux boules de neige.

extra

the snow	*la neige*
the flake	*le flocon*
the winter	*l'hiver*
the black ice	*le verglas*

sing.

the ice rink

la patinoire

plur.

the ice rinks

les patinoires

phrase

We skate on the **ice rink**.

Nous patinons sur la patinoire.

extra

the frost	*le gel*
the ice	*la glace*
the skate	*le patin*
to skate	*patiner*

sing.

the bike / bicycle

la bicyclette

plur.

the bikes / bicycles
les bicyclettes

phrase

I have an orange **bike**.
J'ai une bicyclette orange.

extra

the cyclist	*le cycliste*
the saddle	*la selle*
the tyre	*le pneu*
the bicycle track	*la piste cyclable*

sing.

the motorcycle
la moto

plur.

the motorcycles
les motos

phrase

My brother has a **motorcycle**.
Mon frère a une moto.

extra

the helmet	*le casque*
the wheel	*la roue*
the handlebars	*le guidon*
the engine	*le moteur*

sing.

the train

le train

plur.

the trains

les trains

phrase

Sarah is travelling by **train**.

Sarah voyage en train.

extra

the station	*la gare*
the railway	*le chemin de fer*
the carriage	*le wagon*
the ticket	*le billet*

sing.

the bus

l'autobus

plur.

the buses

les autobus

phrase

We travel by **bus**.

Nous voyageons par autobus.

extra

the bus stop	*l'arrêt d'autobus*
the bus route	*la ligne d'autobus*
to go	*aller*
to travel	*voyager*

sing.

the lorry
le camion

plur.

the lorries
les camions

phrase

The **lorry** transports sand.
Le camion transporte du sable.

extra

the driver	*le conducteur*
the load	*le chargement*
the skip	*la benne*
to transport	*transporter*

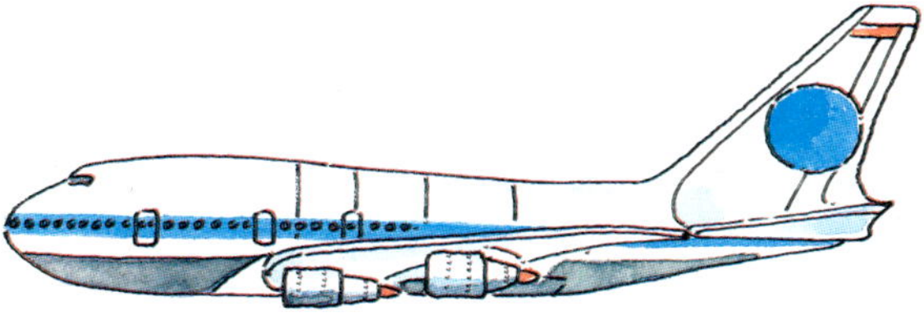

sing.

the aeroplane
l'avion

plur.

the aeroplanes
les avions

phrase

Daddy travels by **aeroplane**.
Papa voyage en avion.

extra

the airport	*l'aéroport*
the pilot	*le pilote*
the departure	*le départ*
the arrival	*l'arrivée*

sing.

the car
la voiture

plur.

the cars
les voitures

phrase

Mummy has a blue **car**.
Maman a une voiture bleue.

extra

the traffic	*le trafic*
the motorist	*l'automobiliste*
the motorway	*l'autoroute*
to drive	*conduire*

sing.

the boat
le bateau

plur.

the boats
les bateaux

phrase

The **boat** sails on the sea.
Le bateau navigue sur la mer.

extra

the boat trip	*le voyage en bateau*
the sailor	*le matelot*
the captain	*le capitaine*
to sail	*naviguer*

sing.

the painter
le peintre

plur.

the painters
les peintres

phrase

The **painter** is painting the wall.
Le peintre peint le mur.

extra

the paint	*la peinture*
the paintbrush	*le pinceau*
the painting	*le tableau*
to paint	*peindre*

sing.

the hairdresser
le coiffeur

plur.

the hairdressers
les coiffeurs

phrase

The **hairdresser** cuts my hair.
Le coiffeur coupe mes cheveux.

extra

the hair	*les cheveux*
the hairdo	*la coiffure*
the hairdressing salon	*le salon de coiffure*
to cut	*couper*

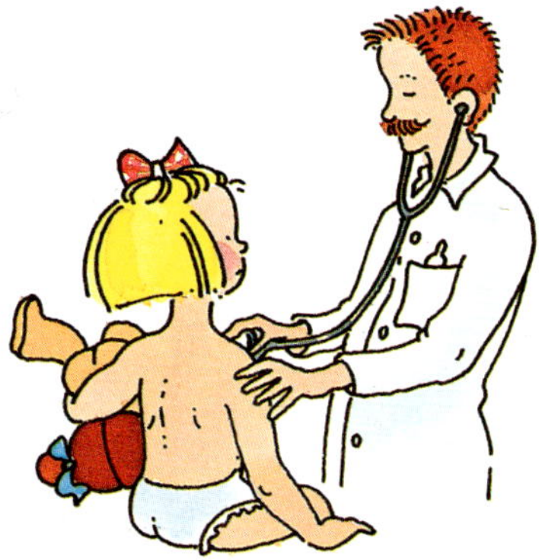

sing.

the doctor

le médecin

plur.

the doctors

les médecins

phrase

This **doctor** has cured me.

Ce médecin m'a guéri.

extra

ill	*malade*
healthy	*sain*
the medicine	*le médicament*
to cure	*guérir*

sing.

the butcher
le boucher

plur.

the butchers
les bouchers

phrase

The **butcher** sells meat.
Le boucher vend de la viande.

extra

the butcher's	*la boucherie*
the sausage	*la saucisse*
the ham	*le jambon*
to sell	*vendre*

sing.

the waiter
le serveur

plur.

the waiters
les serveurs

phrase

The **waiter** is serving a drink.
Le serveur sert une boisson.

extra

the coffee	*le café*
the tea	*le thé*
the bill	*l'addition*
to serve	*servir*

sing.

the architect
l'architecte

plur.

the architects
les architectes

phrase

The **architect** draws plans.
L'architecte dessine des plans.

extra

the plan	*le plan*
the drawing stand	*la table à dessin*
the house	*la maison*
the flat*	*l'appartement*

sing.

the baker
le boulanger

plur.

the bakers
les boulangers

phrase

The **baker** bakes bread.
Le boulanger cuit du pain.

extra

the bread	*le pain*
the cake	*le gâteau*
the oven	*le four*
the bakery	*la boulangerie*

sing.

the farmer

l'agriculteur

plur.

the farmers

les agriculteurs

phrase

The **farmer** is in the field.

L'agriculteur est aux champs.

extra

the field	*le champ*
the wheat	*le blé*
the tractor	*le tracteur*
the plough	*la charrue*

sing.

the shampoo
le shampooing

plur.

the shampoos
les shampooings

phrase

Where is the **shampoo** ?
Où est le shampooing ?

extra

the hairdryer	*le sèche-cheveux*
the plait	*la tresse*
the hair-clip	*l'épingle à cheveux*
to rinse	*rincer*

sing. **the toothbrush**
la brosse à dents

plur. the toothbrushes
les brosses à dents

phrase Give me my **toothbrush**.
Donne-moi ma brosse à dents.

extra

the toothpaste	*le dentifrice*
the beaker	*le gobelet*
to brush one's teeth	*se brosser les dents*
the mouth	*la bouche*

sing.

the bath
le bain

plur.

the baths
les bains

phrase

They have a **bath** every day.
Ils prennent un bain chaque jour.

extra

the bathroom	*la salle de bains*
the tap	*le robinet*
the foam	*la mousse*
the bath	*la baignoire*

sing.

the towel
la serviette

plur.

the towels
les serviettes

phrase

I dry myself with a **towel**.
Je m'essuie avec une serviette.

extra

damp	*humide*
dry	*sec*
the towel rail	*le porte-serviettes*
to dry oneself	*s'essuyer*

sing.

the comb
le peigne

plur.

the combs
les peignes

phrase

The **comb** is in the cupboard.
Le peigne est dans l'armoire.

extra

the hair brush	*la brosse*
the hair	*les cheveux*
the lock	*la mèche*
to comb	*peigner*

sing.

the pyjamas
le pyjama

plur.

the pyjamas
les pyjamas

phrase

Tom puts on his **pyjamas**.
Tom met son pyjama.

extra

to sleep	*dormir*
to undress	*se déshabiller*
to dress	*s'habiller*
the slipper	*la pantoufle*

sing.

the dressing gown

la robe de chambre

plur.

the dressing gowns

les robes de chambre

phrase

You wear a **dressing gown**.

Tu portes une robe de chambre.

extra

the bedroom	*la chambre*
the evening	*le soir*
the night	*la nuit*
the day	*le jour*

sing.

the dream

le rêve

plur.

the dreams

les rêves

phrase

I had a nice **dream** last night.

J'ai fait un beau rêve cette nuit.

extra

the moon	*la lune*
the star	*l'étoile*
to dream	*rêver*
to wake up	*se réveiller*

sing.

the tale
le conte

plur.

the tales
les contes

phrase

Do you know a fairy**tale** ?
Connais-tu un conte de fée.

extra

to tell	*raconter*
to read	*lire*
to enjoy oneself	*s'amuser*
the picture book	*le livre d'images*

INDEX

autoroute	motorway, the, 90
avion	aeroplane, the, 89

B

badminton	badminton, 73
baignoire	bath, the, 102
bain	bath, the, 102
balai	broom, the, 18
balayer	to sweep, 18
ballon	ball, the, 71
banane	banana, the, 62
bateau	boat, the, 91
bébé	baby, the, 10
bec	beak, the, 53
benne	skip, the, 88
beurre	butter, the, 21
bicyclette	bike/bicycle, the, 84
billet	ticket, the, 86
blanc	white, 40
blé	wheat, the, 99
bogue	husk, the, 58
boire	to drink, 22
bois	wood, the, 52
bondir	to leap, 67
botte	boot, the, 80
bouche	mouth, the, 101
boucher	butcher, the, 95
boucherie	butcher's, the, 95
boulanger	baker, the, 98
boulangerie	bakery, the, 98
boule de neige	snowball, the, 82
branche	branch, the, 56
brosse (à cheveux)	hair brush, the, 104

D

E

F

G

U

un	one, 34

V

vache	cow, the, 46
veau	calf, the, 46
vendre	to sell, 42, 95
vent	wind, the, 78
verglas	black ice, the, 82
verre	glass, the, 22
vert	green, 34
viande	meat, the, 47
viande de porc	pork, 50
vide	empty, 15
violent	violent, 79
voilier	sailing boat, the, 68
voiture	car, the, 90
voler	to fly, 53
voyage en bateau	boat trip, the, 91
voyager	to travel, 87

W

wagon	carriage, the, 86

Adaptation française: Philippe Bracaval
Illustrations: Vera Polack
D-MCMXCI-0001-481